westermann

ERLEBNIS
Physik

Förderheft

2

ERLEBNIS
Physik 2
Förderheft

Autorinnen und Autoren
Monisha Chakraborty

Redaktion
Iliane Kleine-Boymann;
Michael Schmidt &
Uschi Pein-Schmidt, Sickte

Grafiken
Ingrid Schobel

Grundlayout
Janssen Kahlert
Design & Kommunikation GmbH

Umschlaggestaltung
LIO Design GmbH

Bildquellennachweis
Alamy Stock Photo (RMB), Abingdon/Oxfordshire: Boethling, Joerg 6.1. |BC GmbH Verlags- und Medien-, Forschungs- und Beratungsgesellschaft, Ingelheim: 7.4. |fotolia.com, New York: Friedberg 12.3; ivo188 7.3. |iStockphoto.com, Calgary: Biletskiy_Evgeniy Titel; ma-k 5.1; monkeybusinessimages 43.1. |PantherMedia GmbH (panthermedia.net), München: Rohde, Angela 3.2. |Picture-Alliance GmbH, Frankfurt/M.: dpa/Balk, Matthias 30.1; dpa/Schuldt, Sina 20.1; ZB/Burgi, Arno 7.1. |Shutterstock.com, New York: Alexander, Ermolaev 41.2; altafulla 15.1; Billion Photos 36.1; Breitformat 41.1; Flamingo Images 18.1; FocusStocker 36.3; FotoDuets 44.2; Maridav 44.3; Mark, Oleksiy 3.6, 33.1; nacroba 36.2; Schwier, Christian 39.1; Siwakorn1933 44.1; Skjaeveland, Thomas 40.2; Studio 72 36.4; successo images 3.7, 33.2; ungvar 41.3; Vulkanov, Stas 42.1. |Steinkamp, Albert, Reken: 8.1. |stock.adobe.com, Dublin: agrarmotive 16.1; Andrey 3.5; Bezuglov, Andriy 40.1; Buehner, Matthias 7.2; lassedesignen 4.1; lucato 38.1; nucia 3.1; pixelnest 28.2; red2000 12.2; Sanguis 28.1; Vogler, Helmut 31.1.

westermann GRUPPE

Druck A[1] / Jahr 2021
Alle Drucke der Serie A sind im Unterricht parallel verwendbar.
Druck und Bindung: Westermann Druck GmbH, Georg-Westermann-Allee 66, 38104 Braunschweig

ISBN 978-3-14-**117083**-2

Die Basisseiten des Schulbuchs

Auf den zwei Basisseiten erfährst du eine Menge zum Thema.
Wichtiges wird mit einem gelben Kasten hervorgehoben.
Blaue Starthilfen helfen dir bei den Aufgaben.

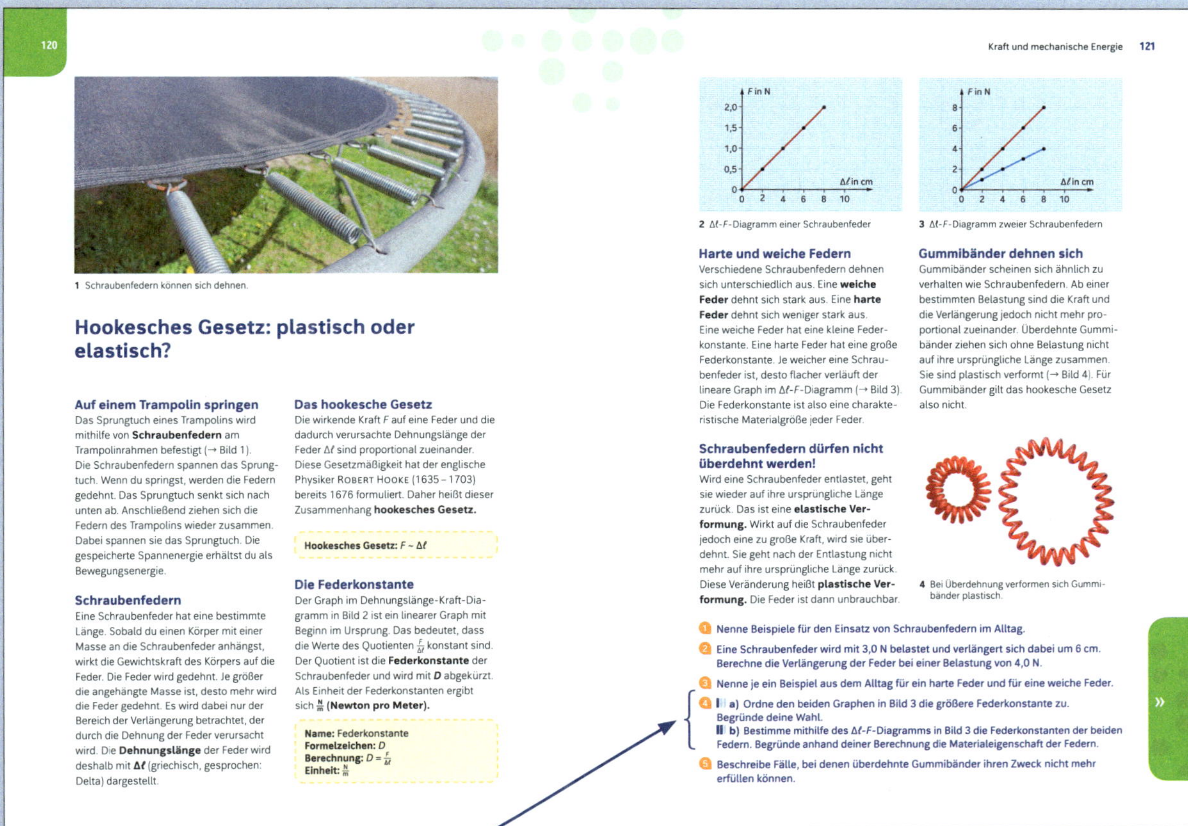

Zu diesen Basisaufgaben gibt es in diesem Förderheft weitere Aufgaben, die in der Nummerierung in der Regel den Basisaufgaben entsprechen und didaktisch reduziert sind.

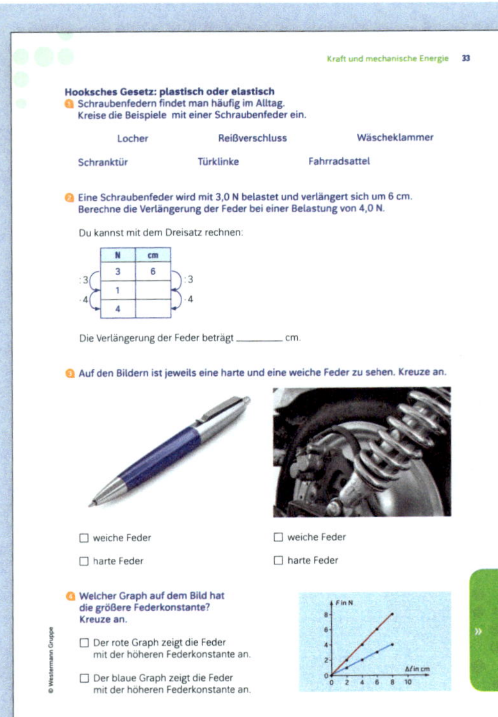

Die Basisaufgaben des Schulbuchs

1 Mit den Basisaufgaben übst du alle wichtigen Inhalte des Themas. Sie werden von allen gemeinsam bearbeitet.

Inhalt

Elektrizität und elektrische Energie

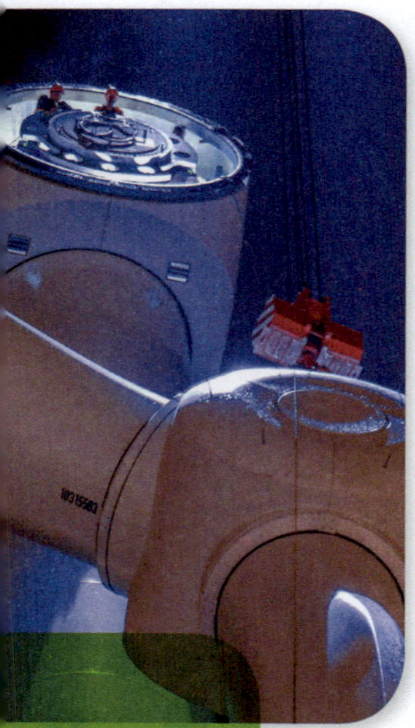

Kraft und mechanische Energie

Sicherheitsregeln in der Physik

1 a) Verbinde die Sicherheitseinrichtungen mit ihrer Bezeichnung

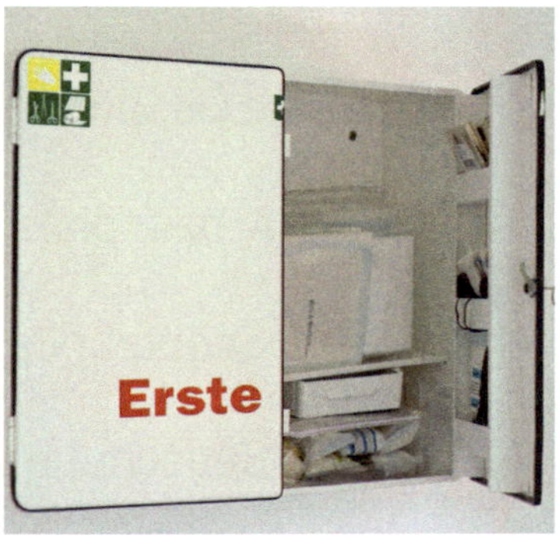

Feuerlöscher	Erste-Hilfe-Kasten	Not-Aus-Schalter

b) Suche die Sicherheitseinrichtungen aus 1a) in deinem Physikraum. Beschreibe, wo sie sich befinden

____

____

____

____

____

____

____

c) Wo befindet sich der Sammelplatz, wenn ein Feueralarm im Physikraum ausgelöst wird. Beschreibe den Weg dorthin.

____

____

____

____

____

____

____

»

2 a) Kreuze fünf Verhaltensregeln an, die beim Experimentieren gelten.

- ☐ Vorschriften und Hinweise der Lehrkraft beachten
- ☐ keine Gespräche untereinander führen
- ☐ am Arbeitsplatz bleiben
- ☐ ggf. Schutzbrille und Schutzhandschuhe benutzen
- ☐ Straßenschuhe ausziehen
- ☐ lange Haare zurückbinden
- ☐ Versuche erst nach Aufforderung starten

b) Erkläre zu zwei Verhaltensregeln, warum es wichtig ist, sie einzuhalten.

Regel: ______________________________

Erklärung: ______________________________

____

Regel: ______________________________

Erklärung: ______________________________

3 Nenne die für dich wichtigsten fünf Sicherheitsregeln für den Umgang mit elektrischen Geräten. Das Buch kann dir helfen.

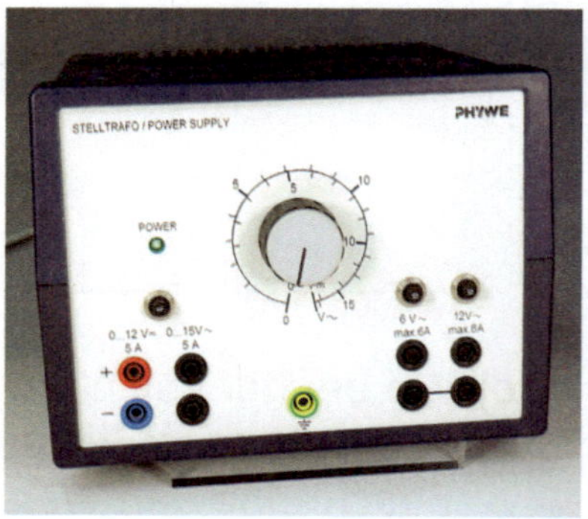

____

____

____

____

____

____

____

4 Wie lautet die Notfallnummer in ganz Europa?

____

Überall ist Energie

1 Verbinde die Fachbegriffe mit der passenden Erklärung.

Energie	Energie gibt es als chemische, elektrische Energie und als mechanische Energie.
Energieträger	Gegenstände und Menschen können sich dadurch bewegen. Licht und Wärme kann damit erzeugt werden.
Energieform	Diese Stoffe tragen Energie in sich. Durch einen Umwandlungsprozess wird die Energie abgegeben.

2 Kreise die regenerativen Energieträger blau und die nicht regenerativen Energieträger gelb ein.

Holz Erdöl Sonne Wind

Erdgas Kohle Wasser

3 Ordne die Wörter in die Tabelle ein.
Die Energieformen können mehrfach verwendet werden.

Sonne • Bewegungsenergie • Solarkollektoren • Mensch • Kraftstoff/Benzin • Windmühlen • Heizung • Strahlungsenergie • chemische Energie • Erdgas • Holz • Wind • Auto • Lagerfeuer

Energieträger	Energieform	Beispiel
Holz	chemische Energie	Lagerfeuer

4 Setze die Wörter passend ein.

Wärme und Licht • elektrischer Energie • Wärme • Elektrizität

Bewegungsenergie des Windes	→ Umwandlung zu	
chemische Energie in Holz		
Strahlungsenergie der Sonne		
elektrische Energie der Kraftwerke		

»

Aus Sonnenlicht wird elektrische Energie

1 Setze die passenden Wörter in die Lücken ein.

Pfeil • Pfeil • Kreis • Wandler • Wandler • Maß • abgegebene Energie • zugeführte Energie • Energiemenge • gleich groß

Ein Energieflussdiagramm besteht aus der ____________________, dem ______________ und der ________________________. Die zugeführte Energie wird als ______________ dargestellt, der in den ______________ zeigt.

Der Wandler wird als ______________ dargestellt.

Von dem Wandler geht ein ______________ ab. Das ist die abgegebene Energie.

Darauf muss man beim Zeichnen achten:

Die Pfeilbreite bestimmt das ______________ der ____________________.

Die Pfeilbreite beider Pfeile muss ______________ sein.

2 Ein Toaster wandelt elektrische Energie in erwünschte und unerwünschte Energie um. Die Pfeilbereite vor der Wandlung ist genauso groß, wie die Summe der beiden Pfeilbreiten nach der Wandlung.
Trage die Begriffe in das Energieflussdiagramm ein.

Toaster • elektrische Energie • Wärme • Licht

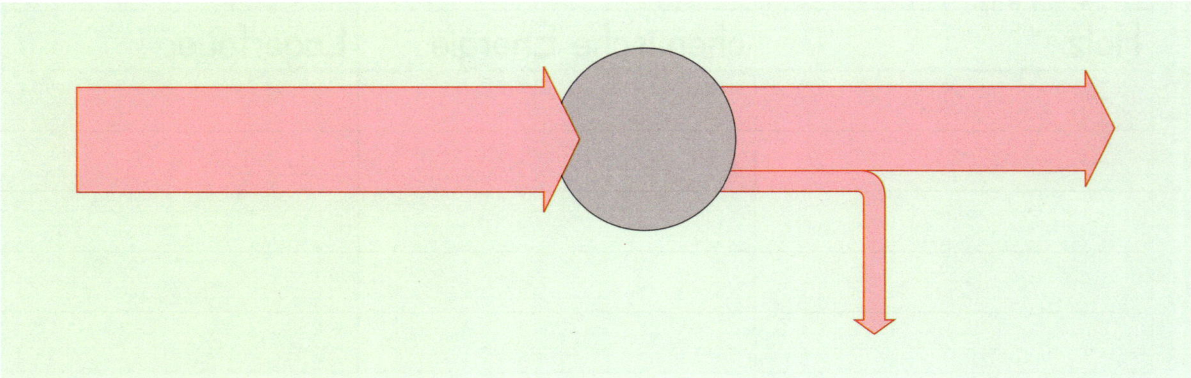

3 Trage in die Tabelle erwünschte und unerwünschte Energieformen aus deinem Alltag ein.
Tipp: Denke an die Zimmerbeleuchtung und an Haushaltsgeräte.

Energiewandler	erwünschte Energie	unerwünschte Energie
Solarzelle	elektrische Energie	Wärme/Licht

Chemische Energie von Nahrungsmitteln

1 **a)** Berechne für jede Tätigkeit deinen Leistungsumsatz. Trage den Leistungsumsatz in die Tabelle ein. Du brauchst einen Taschenrechner.

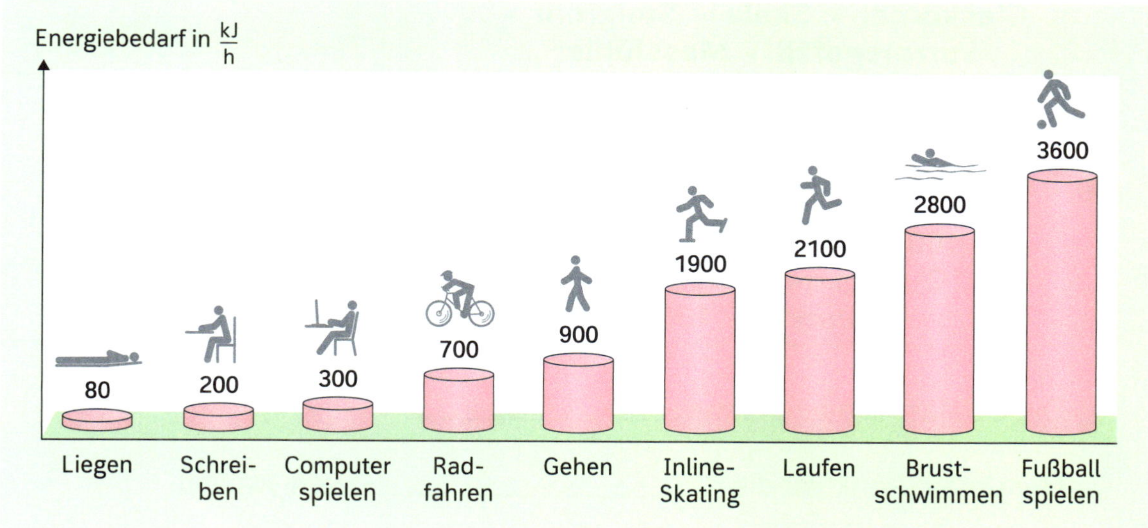

Beispiel: 15 Minuten gehen = 900 kJ : 60 min · 15 min = 225 kJ
Du musst die Kilojoule kJ der Aktivität durch 60 Minuten teilen.
Danach musst du das Ergebnis mal der Zeit nehmen, die du aktiv warst.

Uhrzeit	Dauer	Tätigkeit	Beisp Leistungsumsatz
7:50–8:00	10 min	Radfahren	______ kJ : 60 min · ______ min = ______ kJ
8:00–8:45	45 min	Schreiben	
8:45–8:50	5 min	Gehen	
9:35–9:50	15 min	Fußball spielen	
12:00–12:30	30 min	Liegen	
14:00–15:30	90 min	Computer spielen	
15:30–16:45	75 min	Brustschwimmen	
17:30–18:00	30 min	Laufen	
18:00–19:00	60 min	Inline-Skating	

2 Berechne deinen Grundumsatz.

Der **Grundumsatz** ist der Umsatz, den dein Körper im **Ruhezustand für einen Tag** benötigt. Für die Berechnung musst du dein Gewicht · 100 nehmen. Wenn du 50 kg wiegst, ist das die Rechnung:

50 kg · 100 $\frac{kJ}{kg}$ = 5000 kJ

Dein Gewicht: ____________________ kg

Rechnung: ____________________ kg · 100 $\frac{kJ}{kg}$ → Ergebnis: ____________________ kJ

»

Wärmequellen und ihre Temperatur

1 **a)** Beschrifte das analoge Thermometer mit folgenden Begriffen:

Glaskörper • Skala • Steigrohr • Vorratsgefäß • Messfühler

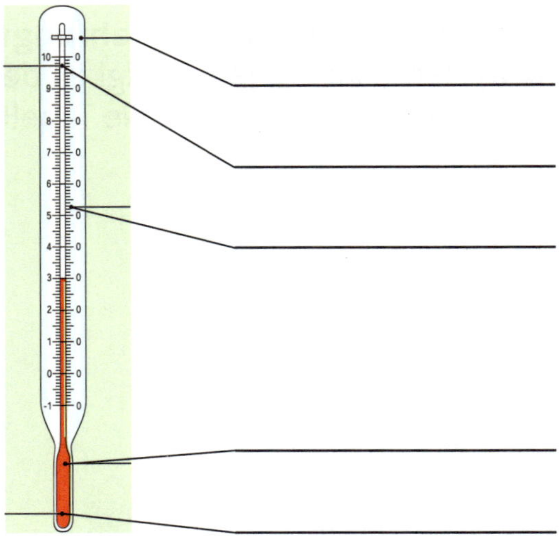

b) Trage die Begriffe in die Lücken ein.

100 • Siedetemperatur • 0 °C • Schmelztemperatur • Fixpunkte • 100 °C

Die Celsius-Skala hat zwei ________________.

Der untere Punkt ist die ______________________ von Wasser.

Er liegt bei ___________. Der obere Punkt ist die ______________________

von Wasser.

Er liegt bei ___________. Die Skala wird zwischen den beiden Punkten

in ___________ Teile aufgeteilt.

c) Beim Thermometer musst du senkrecht auf die Skala schauen, um die Temperatur richtig abzulesen. Kreuze den Grund an.

☐ Die Flüssigkeitssäule ist senkrecht genauer abzulesen.

☐ Die Flüssigkeitssäule verändert sich, wenn man das Thermometer waagerecht hält.

2 Verbinde die entsprechenden Eigenschaften zum passenden Thermometer.

analoges Thermometer	Batterie
	Messfühler mit Flüssigkeit
	Messfühler mit Sensor
digitales Thermometer	elektrisch
	Display
	Skala zum Temperaturablesen

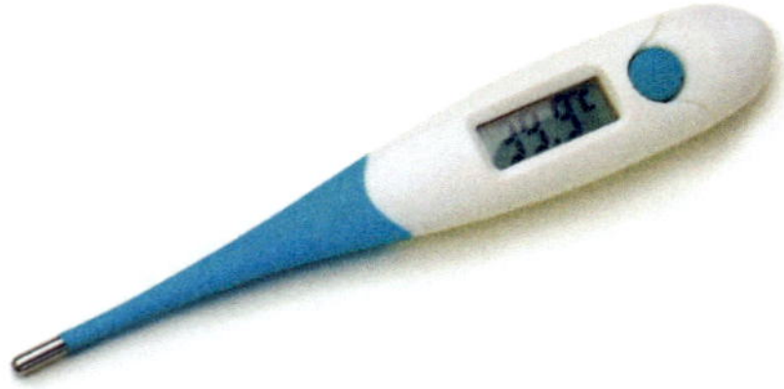

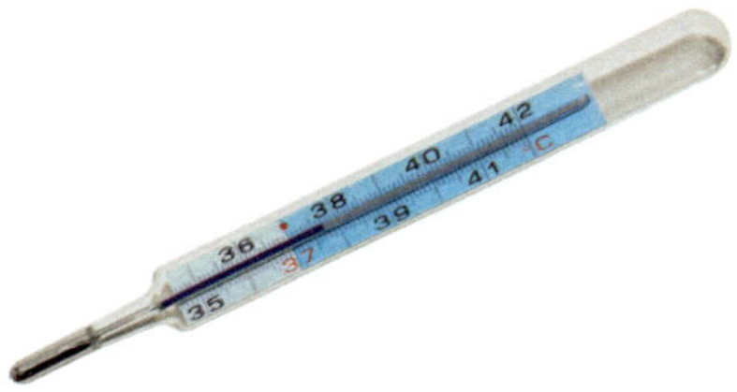

Die innere Energie

1 Der Bremsvorgang: Nummeriere in der richtigen Reihenfolge.

Nummer	Bremsvorgang mit einer Felgenbremse
	Dadurch steigt die innere Energie der Bremsscheiben. Die Bremsscheiben werden heiß. Ihre Temperatur steigt an.
	Das Fahrrad ist in voller Fahrt, es wird plötzlich gebremst.
	Die Bremsbacken übertragen die Bewegungsenergie des Fahrrades auf die Bremsscheiben.
	Durch die Reibung steigt die Temperatur und die Bremsbacke dehnt sich aus.
	Beim Bremsen werden die Bremsbacken gegen die Felge des Fahrrades gepresst.

2 **a)** Eine Steinfigur steht an einem sonnigen Platz im Garten. Die Sonne erwärmt die Figur im Lauf des Tages. Trage ein, wie sich die Temperatur, das Volumen und die innere Energie der Steinfigur verändern.

heiß • kalt • warm • nimmt zu • am größten • nimmt ab

	morgens	vormittags	nachmittags	abends	nachts
Temperatur					
Volumen					
innere Energie					

b) Nachmittags sind sowohl die Temperatur als auch das Volumen und die innere Energie am höchsten. Kreuze den Grund an.

- ☐ Die innere Energie hat den ganzen Tag darauf gewartet, in Bewegung versetzt zu werden.
- ☐ Die Erwärmung der Sonne ist zu dem Zeitpunkt am stärksten. Dadurch sind dann Bewegungsenergie und Lageenergie, auch am größten.

3 Je höher die Temperatur ist, desto höher steigt die Flüssigkeitssäule im analogen Thermometer. Trage die Fachbegriffe für den Vorgang im Teilchenmodell ein.

Bewegungsenergie • Lageenergie • Teilchen • Bewegung

Die Flüssigkeit im Thermometer besteht aus kleinen ________________. Die Teilchen fangen an, sich zu bewegen, wenn ihnen Wärme zugeführt wird. Sie besitzen ______________________. Durch die starke ________________ verändert sich auch die ________________ der Teilchen. Die Flüssigkeit dehnt sich aus.

»

Die Arten der Wärmeübertragung

1 Verbinde die Art der Wärmeübertragung mit ihren Beispielen.

Wärmeleitung
Wärmestrahlung
Wärmeströmung

Sonnenstrahlung
warmes Duschwasser
Löffel im Teewasser
Heizungsluft
Kochtöpfe
Feuer

2 **a)** Stell dir vor, du stehst erst mit einem weißen T-Shirt in der Sonne und dann mit einem schwarzen T-Shirt. Was würdest du wahrnehmen?

Mit dem weißen T-Shirt, ...

____

____

Mit dem schwarzen T-Shirt, ...

____

____

b) Erkläre den Unterschied in der Wirkung des T-Shirts. Verwende die Fachbegriffe absorbiert und reflektiert.

Das weiße T-Shirt ____________ die Sonnenstrahlung.

Das bedeutet, dass ein Teil der Sonnenstrahlen zurückgeworfen wird.

Das schwarze T-Shirt ____________ die Sonnenstrahlung.

Das bedeutet, dass ein großer Teil der Sonnenstrahlen aufgenommen wird.

3 Du machst dir eine Tiefkühlpizza im Backofen warm. Beschreibe mit eigenen Worten, wie die Wärmeübertragung im Backofen funktioniert.

der warme Backofen • hohe innere Energie • Wärmestrom • Pizza wird erwärmt • innere Energie steigt

____

____

____

____

Die Wärmespeicherung und die Wärmedämmung

1 **a)** Im Sommer ist oft schönes Wetter. Trage die Temperaturen in den Temperaturverlauf des Tages ein.

28 °C • 15 °C • 23 °C • 16 °C • 21 °C • 19 °C

Temperaturverlauf an einem Sommertag						
Uhrzeit	8:00 Uhr	11:00 Uhr	14:00 Uhr	17:00 Uhr	21:00 Uhr	0:00 Uhr
Temperatur						

b) Gehwegplatten erwärmen sich im Lauf des Tages durch die Wärmestrahlung. Beschreibe, zu welcher Tageszeit die Platten am kältesten und wann sie am wärmsten sind.

Die Steinplatten sind ______________________________ am kältesten.

Die Steinplatten sind ______________________________ am wärmsten.

2 **a)** Wenn du Bauschmerzen hast, kann eine Wärmflasche helfen. Beschreibe, wie du eine Wärmflasche benutzt.

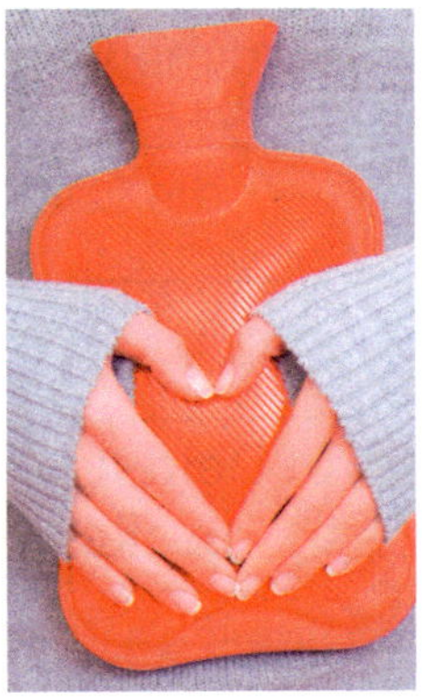

____

____

____

____

b) Begründe, warum Wasser für eine Wärmflasche besser geeignet ist als Sand.

bleibt lange warm • speichert Wärme schlecht • schnell heiß • guter Wärmespeicher

____

____

____

3 Kreise die Eigenschaften eines Thermobechers ein.

kühlt Flüssigkeiten schneller ab

leitet die Wärme schlechter ab

hält Flüssigkeiten länger warm

leitet die Wärme schnell an die Umgebungsluft ab

»

Energieversorgung und Nachhaltigkeit

1 In der Tabelle findest du die wichtigsten Energieträger.
Kreuze an, ob es sich um fossile oder erneuerbare Energien handelt.

Energieträger	fossil	erneuerbar
Erdöl		
Steinkohle		
Sonne		
Wind		
Braunkohle		
Wasser		

2 Kreise die Vorteile der erneuerbaren Energien grün ein und die Nachteile rot ein.

Baukosten sind hoch

weniger CO_2-Ausstoß

sind meistens verfügbar

stören die Umwelt

die Energie ist teurer

müssen nicht aus anderen Ländern eingekauft werden

3 In Deutschland werden meistens noch fossile Energieträger genutzt.

a) Fossile Brennstoffe sind nicht ungefährlich. Nenne ihre Gefahren.

Förderung und Transport • CO_2-Ausstoß • Unfälle • Klimaerwärmung • Erdöl giftig • Meer

___

___

___

b) Die fossilen Brennstoffe sind begrenzt.
Beschreibe, welches Problem dadurch für Deutschland entsteht.

abhängig • höherer Preis • keine fossilen Brennstoffe mehr

___

___

___

___

Energiefluss und Energieumwandlung

1 Der Wandler bekommt elektrische Energie als zugeführte Energie.
Trage die erwünschte und unerwünschte Energie ein. Vervollständige die Tabelle.
Tipp: Alle Begriffe kannst du zweimal verwenden.

Bewegungsenergie • Wärme • innere Energie • Schall • Licht

Gerät	erwünschte Energie	unerwünschte Energie
Heizstrahler		
Bohrmaschine		
Rasenmäher		
Taschenlampe		

2 Trage zwei Beispiele aus der Tabelle in die Energieflussdiagramme ein.

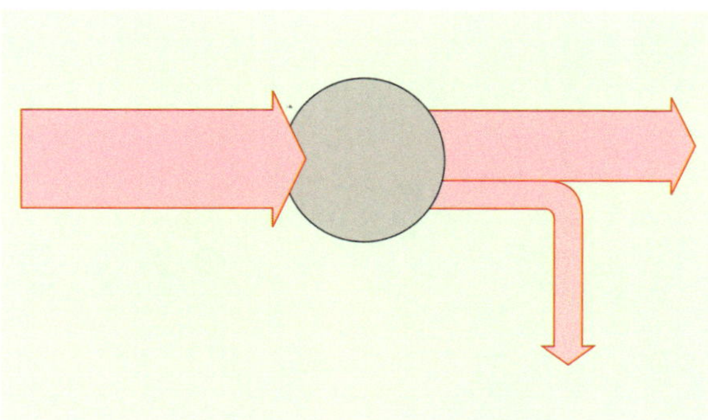

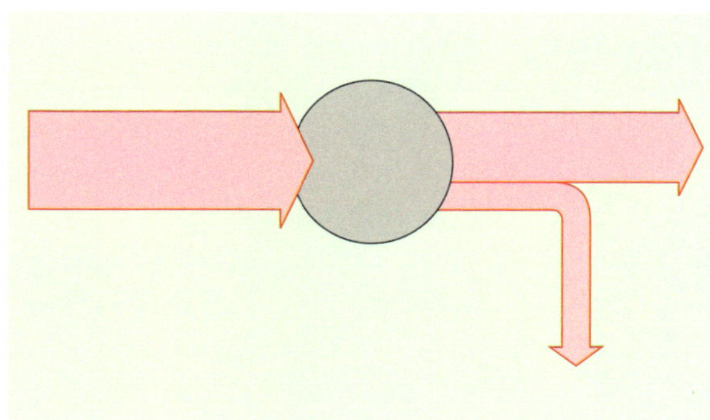

3 Das Fahrradlicht entsteht durch ein Fahrraddynamo. Dabei erhält der Dynamo über die Bewegung am Fahrradreifen Energie, die er in elektrische Energie und innere Energie umwandelt. Die elektrische Energie wird der Lampe zugeführt. Die Lampe wandelt die elektrische Energie in Licht und innere Energie um.
Trage folgende Wörter in das Energieflussdiagramm ein.

Fahrraddynamo • innere Energie • Lampe • Bewegungsenergie • elektrische Energie • innere Energie • Licht

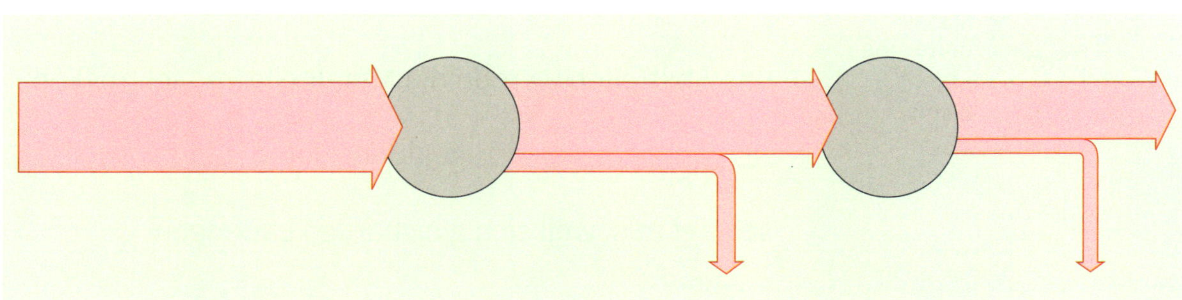

b) Streiche die falschen Aussagen durch.
Die Menge an Energie, die dem Dynamo zugeführt wird, ist **genauso groß/ist größer, wie/als** die Menge an Energie, die abgegeben wird.
Es **geht/geht keine** Energie verloren.

Die elektrische Ladung und ihr Nachweis

1 Beschreibe Situationen, bei denen du schon mal einen elektrischen Schlag bekommen hast oder es geknistert hat.

____

____

____

____

2 Eine elektrisch geladene Kugel wird einer zweiten geladenen Kugel genähert.

a) Die Kugeln haben gleichartige Ladungen. Kreuze an, welches Bild richtig ist.

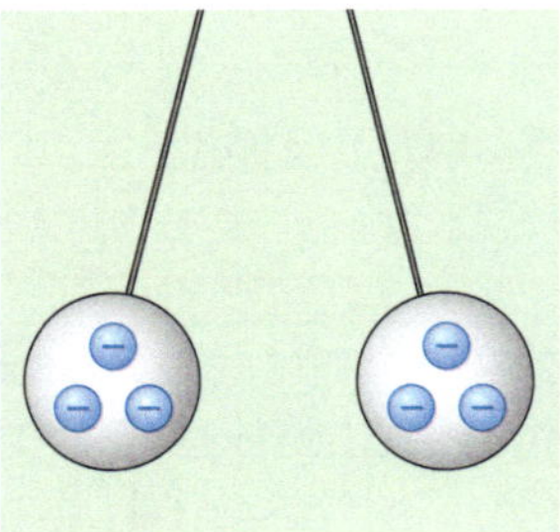
☐

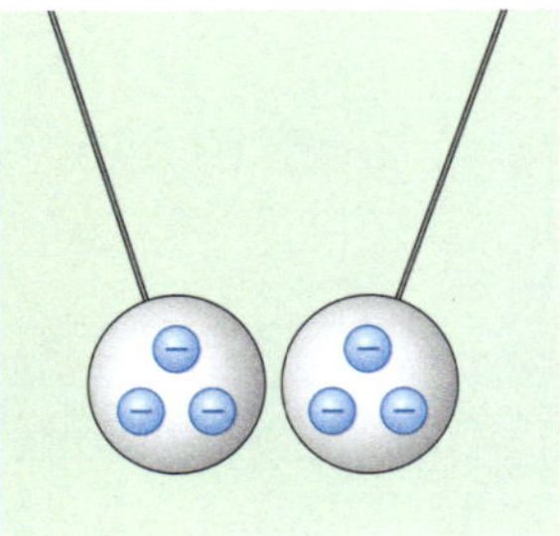
☐

b) Die Kugeln sind ungleichartig geladen. Kreuze an, welches Bild richtig ist.

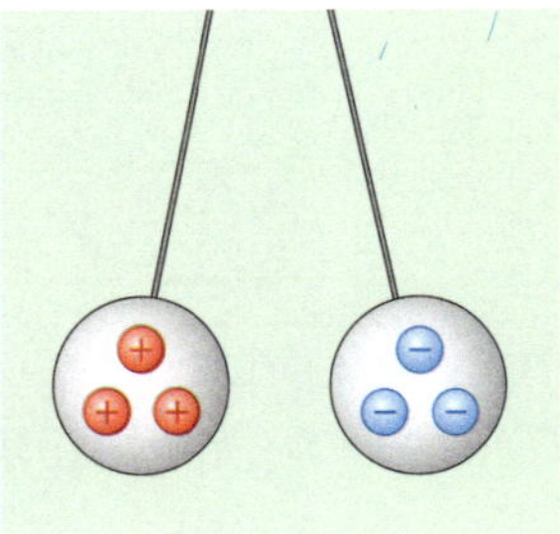
☐

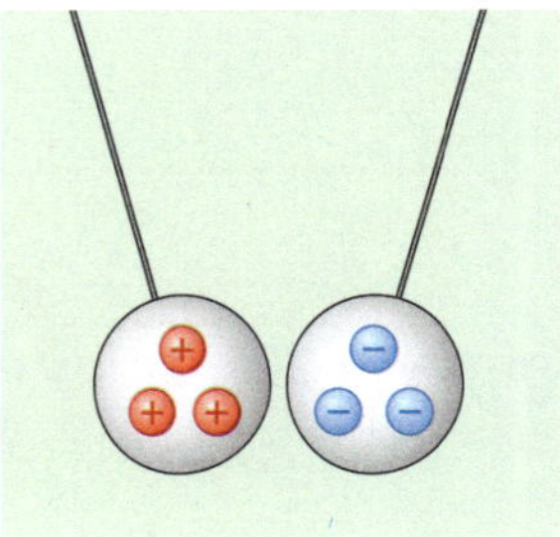
☐

Funktionsweise Elektroskop

3 Ergänze die Lücken.

Elektroskop • Metallzeiger • abstoßen • Metallteller • gleichartig

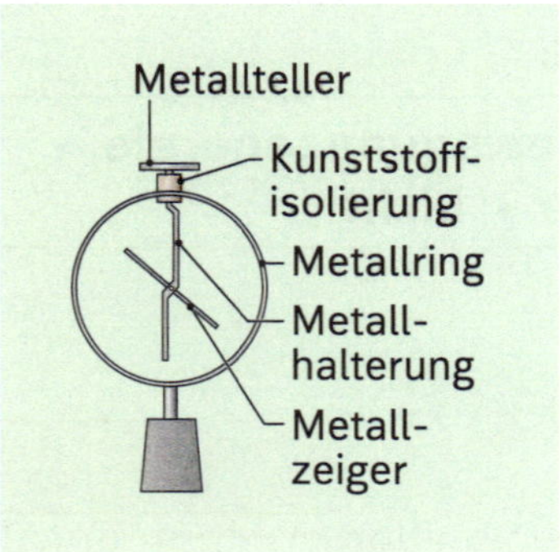

Mit einem ____________________ kannst du nachweisen, dass ein Körper elektrisch geladen ist. Dafür streifst du den Körper an dem ____________________ ab. Durch das Abstreifen werden die Metallteile im Elektroskop ____________________ geladen. Der ____________________ schlägt aus, weil sich gleichartige Ladungen ____________________.

Das elektrische Feld

1 Zeichne die Feldlinienbilder ein.

a) Eine Kugel ist negativ geladen, die andere positiv.

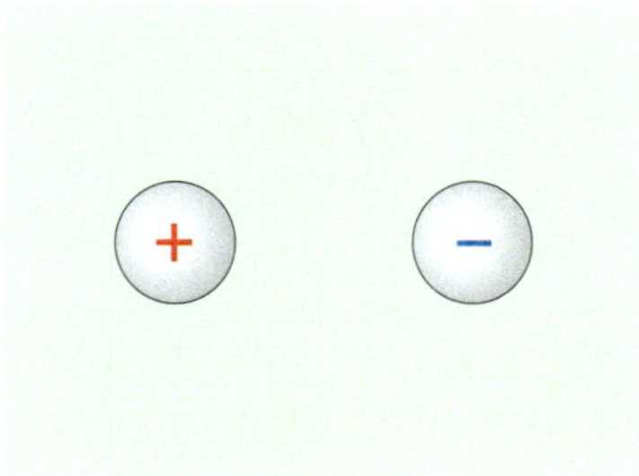

b) Beide Kugeln sind positiv geladen.

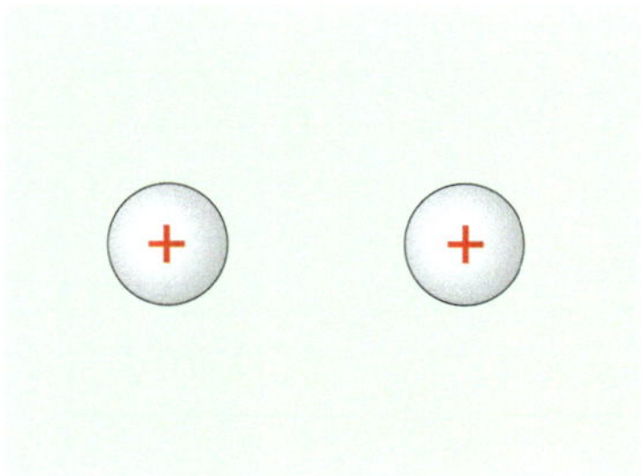

Beachte
- Die **Feldlinien** berühren sich nicht.
- Die **Feldlinien** treten senkrecht ein und aus.
- Bei einer **positiven Ladung** treten die **Feldlinien aus der Kugel aus.**
- **Bei einer negativen Ladung** treten die **Feldlinien in die Kugel ein.**

Der Weg der Elektronen im Stromkreis

2 Nummeriere die Aussagen in der richtigen Reihenfolge.

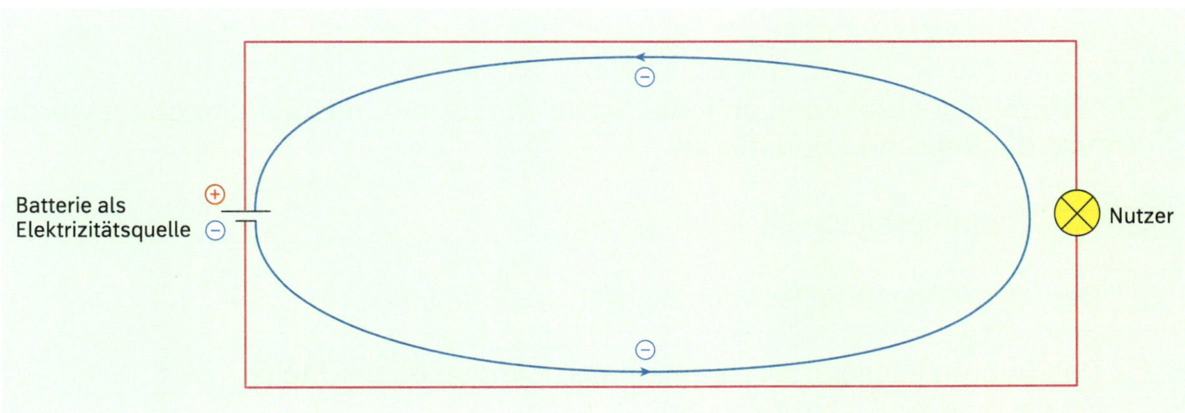

______ Die Elektronen wandern vom Minuspol der Batterie zur Lampe.

______ Über die Lampe bewegen sich die Elektronen zum Pluspol der Batterie.

______ Die Batterie ist die Elektrizitätsquelle. Am Minuspol der Batterie herrscht ein Elektronenüberschuss, am Pluspol ein Elektronenmangel.

______ Es entsteht im geschlossenen Stromkreis ein gerichteter Elektronenstrom.

______ Der Pluspol gibt innerhalb der Batterie wieder Elektronen an den Minuspol ab.

»

Die elektrische Stromstärke

1 a) Verbinde die Stromstärke in Ampere (A) mit der richtigen Stromstärke in Milliampere (mA).

> **Name:** elektrische Stromstärke
> **Formelzeichen:** I
> **Einheit:** A (Ampere)
> **Weitere Einheiten:**
> 1 A = 1000 mA (Milliampere)
> 1 mA = 0,001 A

3 A	0,25 A	0,04 A

250 mA	40 mA	400 mA	3000 mA	2500 mA

b) Verbinde die Stromstärke in Milliampere (mA) mit der richtigen Stromstärke in Ampere (A).

1200 mA	250 mA	30 mA

0,03 A	0,3 A	2500 A	1,2 A	12 A	0,25 A

2 Ein Strommessgerät kann an jeder Stelle vom Stromkreislauf eingebaut werden. Kreuze die Begründung dafür an.

☐ Das Strommessgerät ist sehr flexibel.

☐ Der Elektronenstrom ist überall gleich stark.

☐ Das Strommessgerät misst automatisch immer an der Stelle, wo die meisten Elektronen sind.

3 a) An einer Verkehrsmessanlage werden an einem Tag 2880 Fahrzeuge gemessen. Berechne den Verkehrsstrom für eine Stunde. Bedenke: 1 Tag hat 24 Stunden.
Rechnung: Gesamtzahl der Autos: 2880

____

b) Berechne den Verkehrsstrom für eine Minute. Bedenke: 1 Stunde hat 60 Minuten
Rechnung: Autos innerhalb einer Stunde: 120

____

c) Entsprechen die Ergebnisse immer genau der Anzahl der Autos, die pro Stunde/Minute auf der Fahrbahn sind?

☐ Ja, es sind immer gleich viele Autos da.

☐ Nein, es sind mal mehr, mal weniger Autos da.

Die elektrische Spannung

1 Ein Wasserkreislauf und ein Stromkreislauf sind ähnlich aufgebaut. Vergleiche beide, indem du ähnliche/vergleichbare Funktionen miteinander verbindest.

Wasserkreislauf
Pumpe
Rohr
Wasserrad
Graben
Wasserstrom

Stromkreis
Nutzer
Elektronenstrom
Elektrizitätsquelle
Hinleitung
Rückleitung

2 Zwischen den Polen einer Batterie besteht eine Spannung.
Kreuze an, warum das so ist und warum es wichtig für den Stromkreislauf ist.

☐ Die Elektronen wandern zwischen den Polen hin und her, dadurch entsteht eine Spannung.

☐ Es gibt am Minuspol einen Überschuss an Elektronen und am Pluspol eine Elektronenmangel.

☐ Die Elektronen wandern vom Überschuss zum Mangel. Dadurch entsteht der Stromkreislauf.

☐ Es gibt keine freien Elektronen, wenn es keine Spannung gibt.

3 Du hast einen einfachen Stromkreislauf mit Motor und Schalter.
Du möchtest die Spannung messen. Zeichne dafür einen Schaltplan.
Die Abbildung im Buch hilft dir dabei.

Die Stromstärke und die Spannung in der Reihenschaltung und Parallelschaltung

1 a) In einer Reihenschaltung mit zwei baugleichen Lampen wird an der einen Lampe eine Spannung von 4 V gemessen und eine Stromstärke von 1 A. Wie hoch ist die Gesamtspannung?

Rechnung: 4 V + ______ = ______

Wie hoch ist die Stromstärke? ______

Tipp:
In einer **Reihenschaltung** teilen sich die Lampen die **Gesamtspannung.**
$U_{ges} = U_1 + U_2$
In einer **Reihenschaltung** ist die **Stromstärke überall gleich.**
$I_{ges} = I_1 = I_2$

b) Welche Spannung hat die zweite Lampe? ______

Welche Stromstärke hat die zweite Lampe? ______

2 Bei einer Parallelschaltung sind zwei baugleiche Lampen angeschlossen.
Die Gesamtspannung (U_{ges}) ist 6 V.
Die Gesamtstromstärke (I_{ges}) beträgt 0,5 A.

Wie hoch ist die Spannung für jede Lampe?

____

Wie hoch ist die Stromstärke an jeder Lampe?

Rechnung: 0,5 A : 2 = ______

____

Tipp:
In einer **Parallelschaltung** haben **alle baugleichen Lampen** die **gleiche Spannung.**
$U_{ges} = U_1 + U_2$
In einer **Parallelschaltung teilen sich** die Lampen die **Stromstärke.**
$I_{ges} = I_1 = I_2$

3 a) In einer Parallelschaltung mit zwei verschiedenen Lampen beträgt I_{ges} = 4,85 A und I_2 = 3,15 A. Berechne die Stromstärke I_1 an der Lampe 1.

Rechnung: $I_{ges} - I_2 = I_1$ ______________________________

b) In einer Reihenschaltung mit drei baugleichen Lampen beträgt U_3 = 1,5 V. Gib die Gesamtspannung an.

Es gilt: $U_3 = U_1$ und $U_3 = U_2$ Rechnung: $U_{ges} = U_1 + U_2 + U_3$

____

Die elektrische Energie und die elektrische Leistung

1 Verbinde die Fachbegriffe mit den Aussagen.

Elektronenstrom	Menge, die in einer bestimmten Zeit durch den Leiterquerschnitt fließt.
Energiestrom	Menge, die in einer bestimmten Zeit übertragen wird.

2 Im vollständigen geladenen Akku eines Smartphones sind 12 Wh Energie gespeichert.

a) Wenn du das Smartphone immer im Standbybetrieb lässt, ist der Akku nach 86 Stunden entladen. Berechne die Leistung mit der Formel. Setze die Werte ein.

Leistung P Energie $E = 12\ \text{Wh}$ Zeit $t = 86\ \text{h}$

$P = E : t \rightarrow P =$ ____________ : ____________ = ____________

b) Jetzt möchtest du den Akku wieder laden. Er wird mit 2,5 W geladen. Wie lange dauert es, bis er vollständig geladen ist? Berechne die Zeit t mit der Formel.

Leistung $P = 2{,}5\ \text{W}$ Energie $E = 12\ \text{Wh}$ Zeit t

$t = E : P \rightarrow t =$ ____________ : ____________ = ____________

3 Die Leistungsangabe von 2000 W (Watt) auf dem Typenschild vom Föhn ist nicht notwendig. Kreuze die Begründung dafür an.

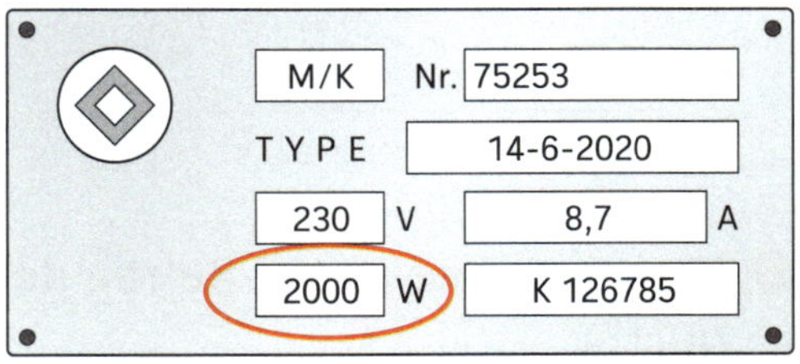

☐ Die Leistung ist für den Kunden unwichtig.

☐ Die Leistung sagt nichts über die Energie aus.

☐ Die Leistung kann man aus der Stromstärke und der Spannung errechnen.

Die Energierechnung und ein Energiemanagement

1 **a)** Schreibe einen Tag lang auf, wann und wie du elektrische Energie nutzt. Trage es in die Tabelle ein.

b) Überlege, wie du elektrische Energie einsparen kannst.

c) Vergleiche deine Tabelle mit der Tabelle deiner Mitschüler. Überlegt euch weitere Einsparmöglichkeiten.

Energieprotokoll		
Gerät	**Nutzungsdauer**	**Einsparmöglichkeit**
Laptop	4 Stunden im Standby	Laptop ausschalten, wenn er nicht gebraucht wird.

2 Berechne den Netto-Betrag deiner Stromrechnung, wenn du 2500 kWh im Jahr nutzt.

Zur genutzten Energie kommen noch der Leistungspreis und der Verrechnungspreis hinzu.

Leistungspreis = 42,83 €   Verrechnungspreis = 34,27 €

1 kWh = 21,77 ct → 2500 kWh = ______________________

Dann musst du die Cents in Euro umrechnen. Dafür teilst du dein Ergebnis durch 100:

______________ ct : 100 = ______________ €

Netto-Betrag = Leistungspreis + Verrechnungspreis + genutzte Energie in Euro =

____

Das ohmsche Gesetz und der elektrische Widerstand

1 Setze die Begriffe in die passenden Lücken ein.

gleicher • Spannung • verdoppelt • Elektrizitätsquelle • proportional • konstant • Stromstärke

Verändert man an einer ______________ die ______________, dann verändert sich auch die ______________. Stromstärke und Spannung verhalten sich ______________ zueinander. Das bedeutet, dass bei einer Erhöhung der Spannung, der Wert der Stromstärke genau gleich ansteigt. Verdoppelt man die Spannung, ______________ sich auch die Stromstärke. Die Gleichung des ohmschen Gesetzes ist: $\frac{I}{U}$ = ______________. Dividiert man die Stromstärke durch die Spannung kommt immer ein ______________ Wert heraus.

2 **a)** Auf der Abbildung kannst du erkennen, dass der Graph für den Konstantandraht anders verläuft als für die anderen Metalle. Kreuze an, was auf den Verlauf zutrifft.

- ☐ Der Graph beginnt am Nullpunkt.
- ☐ Der Graph beginnt nicht am Nullpunkt.
- ☐ Der Graph beschreibt eine Gerade.
- ☐ Der Graph beschreibt eine Kurve.
- ☐ Der Graph zeigt, dass die Stromstärke und die Spannung proportional zueinander sind.

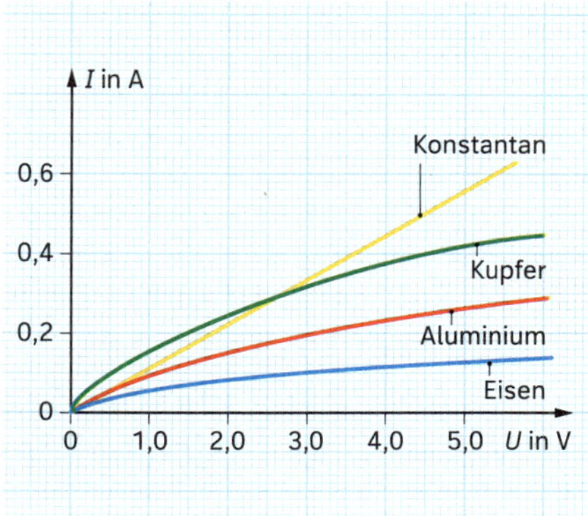

b) Das ohmsche Gesetz gilt für den Konstantandraht. Kreuze die Gründe an.

- ☐ Stromstärke und Spannung sind proportional zueinander.
- ☐ Der Konstantandraht ist der schlechteste elektrische Leiter.
- ☐ Stromstärke dividiert durch Spannung sind immer konstant.

3 Auf der Abbildung in Aufgabe 2a) ist zu erkennen, dass bei Aluminium, Kupfer und Eisen die Stromstärke nicht gleichbleibend zunimmt. Trifft auf diese Metalle auch das ohmsche Gesetz zu? Kreuze an.

- ☐ Nein, teilt man Stromstärke durch Spannung, erhält man keinen konstanten Wert.
- ☐ Ja, teilt man Stromstärke durch Spannung, erhält man einen konstanten Wert.

»

Die Abhängigkeit des elektrischen Widerstandes

1 Jeder Leiter hat einen elektrischen Widerstand. Er beeinflusst den Elektronenstrom. Ergänze die Lücken.

Je höher der elektrische Widerstand ist, ______________________

ist der Elektronenstrom.

Je geringer der elektrische Widerstand ist, ______________________

ist der Elektronenstrom.

Bei Konstantan bleibt der elektrische Widerstand ______________________.

2 **a)** Der Widerstand eines Leiters ist abhängig von verschiedenen Materialgrößen. Ergänze die beiden Sätze.

Je länger ein Leiter ist, ____.

Je größer die Querschnittsfläche eines Leiters ist, ______________________

____.

b) Zähle auf, wovon der elektrische Widerstand eines metallischen Leiters abhängig ist.

____

3 Die Temperatur eines Leiters beeinflusst den Elektronenstrom.
Beantworte die Fragen.
Die Abbildung und der Text im Buch helfen dir dabei.
Was verändert sich bei den Atomrümpfen im warmen Zustand?

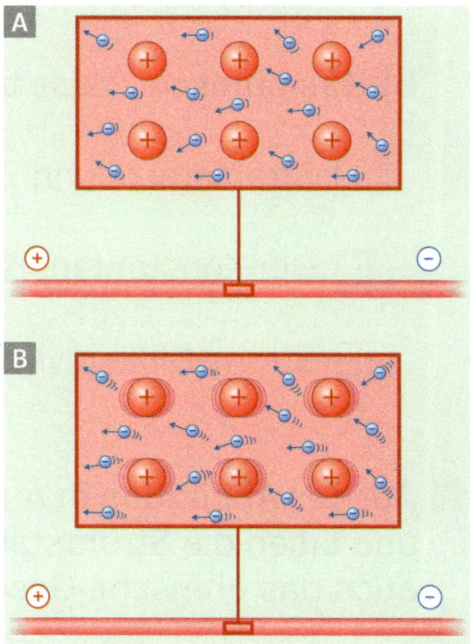

____

____

Was passiert dadurch mit den Elektronen?

____

____

Wird die Bewegung der Elektronen gebremst oder beschleunigt?

____

Die Widerstände in der Reihenschaltung und Parallelschaltung

1 Das Wort Widerstand hat eine doppelte Bedeutung für den Stromkreis. Kreuze beide Eigenschaften an.

- ☐ Widerstand bezeichnet die Festigkeit von Leitern.
- ☐ Widerstand bezeichnet die Eigenschaft eines elektrischen Leiters.
- ☐ Widerstand bezeichnet die Biegsamkeit von Leitern.
- ☐ Widerstand bezeichnet Bauteile.

2 Zeichne den Schaltplan für eine Reihenschaltung mit drei Widerständen und einem Messgerät zum Messen des Gesamtwiderstandes. Das Buch hilft dir dabei.

Diese Schaltzeichen brauchst du dafür:

3 a) Zwei Widerstände mit 200 Ω und 3000 Ω sind in Reihe geschaltet. Berechne den Ersatzwiderstand mit der Formel.

gesucht: R_{Ersatz}

bekannt: $R_1 = 200\ \Omega$ $R_2 = 3000\ \Omega$

$R_{ges} = R_1 + R_2$

Rechnung: R_{ges} = ______________________ $R_{Ersatz} = R_{ges}$

Der Ersatzwiderstand beträgt ______________.

b) Zwei Widerstände mit 27 Ω und 80 Ω sind in Reihe geschaltet. Berechne den Ersatzwiderstand mit der Formel aus 3a).

Rechnung: R_{ges} = ______________________ $R_{Ersatz} = R_{ges}$

Der Ersatzwiderstand beträgt ______________.

Kurzschluss, Überlastung und Berührung in einem Stromkreis

1 Trage die Begriffe in die Lücken ein.

Leitungen • Rückleitung • glühen • Stromstärke • schmelzen • Hinleitung

Bei einem Kurzschluss berühren sich die __________________ und die __________________ direkt. Dadurch steigt die __________________ stark an und die __________________ werden zu warm. Die Leitungen fangen an zu __________________ oder können auch __________________.

erwärmt • Stromstärken • Stromkreis • schmilzt • parallel • addieren

Bei einer Überlastung sind zu viele Geräte __________________ an einem __________________ angeschlossen. Die __________________ der Geräte __________________ sich. Die Stromstärke wird zu hoch für die Leitung. Dadurch entsteht eine Überlastung. Die Leitung __________________ sich dabei und die Kunststoffisolierung __________________.

2 Beschreibe den Unterschied zwischen einem Kurzschluss und einer Überlastung im Stromkreislauf. Aufgabe 1 hilft dir dabei. Beachte, wo der Unterschied liegt.

____

____

____

3 Ein Stromkreis kann durch einen Sicherungsautomat oder eine Schmelzsicherung gesichert sein. Verbinde die passenden Eigenschaften zu den Sicherungen.

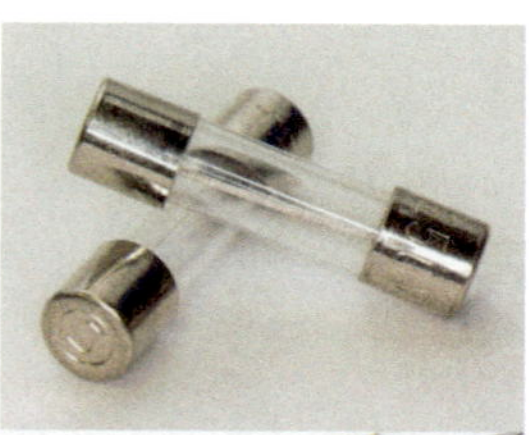

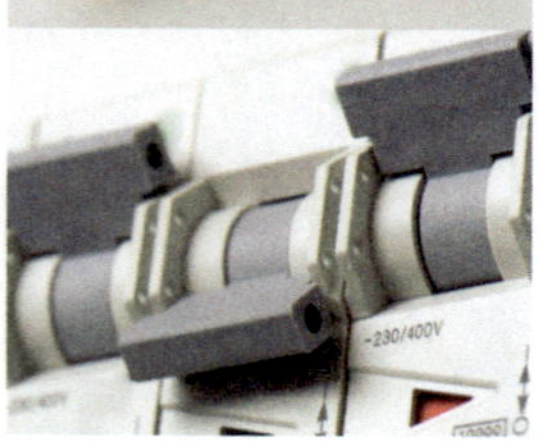

muss nach einem Kurzschluss ausgetauscht werden
Schalter wird bei bestimmter Stromstärke geöffnet
kurzes Leiterstück in Keramik oder Glashülse
muss nach Kurzschluss nicht ausgetauscht werden
nach Fehlerbhebung wird Schalter wieder umgelegt
schmilzt bei einer bestimmten Stromstärke

Die Geschwindigkeit

1 a) Ein Läufer legt die Strecke von 3000 m gleichförmig in einer Zeit von 10 min zurück.
Berechne seine Geschwindigkeit in $\frac{m}{s}$ mithilfe der aufgeführten Rechenschritte.

Rechne zunächst die Minuten (min) in Sekunden (s) um:

1 min = 60 s → Rechnung: 10 min · 60 → 10 min = ______________

Setze das Ergebnis in die Formel ein und rechne den Bruch aus.

$s = 3000$ m; $t = 600$ s

$\text{Geschwindigkeit} = \frac{\text{Strecke}}{\text{Zeit}}$ → $v = \frac{s}{t}$ →

Rechnung: $v = \frac{s}{t} =$ __________ = __________

Die Geschwindigkeit beträgt: __________

b) Gib seine Geschwindigkeit in $\frac{km}{h}$ mithilfe der aufgeführten Rechenschritte an.

$1\,\frac{m}{s} = 3{,}6\,\frac{km}{h}$ → Multipliziere das Ergebnis aus Aufgabe 1a) mit 3,6.

Rechnung: __________ $\frac{m}{s} \cdot 3{,}6 =$ __________ $\frac{km}{h}$

c) Trage in die Wertetabelle die fehlenden Werte für den gleichförmigen Lauf ein.

Zeit (t) in s	0	100	200	300	600
Strecke (s) in m	0				3000

d) Trage die Werte aus Aufgabe 1c) in das Diagramm ein.
Bezeichne die Art des Graphen.

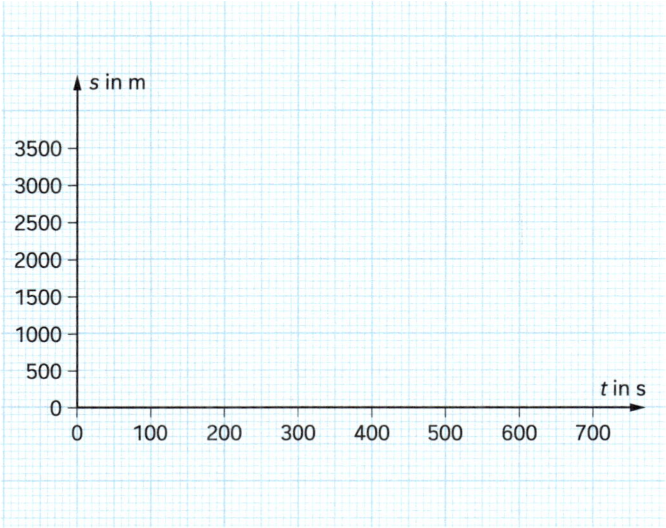

Es ist ein ____________________ Graph, der im Ursprung beginnt.

Ungleichförmige Bewegungen

1 **a)** In einem Freizeitpark gibt es viele Fahrgeschäfte. Ein beliebtes Fahrgeschäft ist ein hoher Fallturm. Die Gäste werden in Sitzen langsam und gleichmäßig bis in eine Höhe von über 100 m gezogen. Oben angekommen, werden die Sitze nach vorne gekippt und mit hoher Fallgeschwindigkeit rasen die Gäste wieder nach unten. Erst kurz vor der Erde stoppt das Fahrgeschäft abrupt ab. Beschreibe die Bewegung des Fahrgeschäftes mithilfe der Fachbegriffe.

geradlinige Bewegung • gleichförmige Bewegung • gleichmäßig beschleunigt

____

____

____

____

b) Zeichne den Verlauf des Graphens für das Fahrgeschäft in die unten stehenden Diagramme ein.

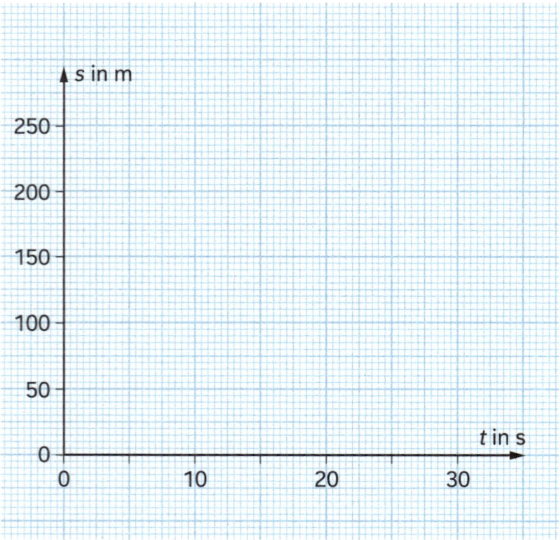

Die Fahrt des Fallturms in einem Zeit-Weg-Diagramm

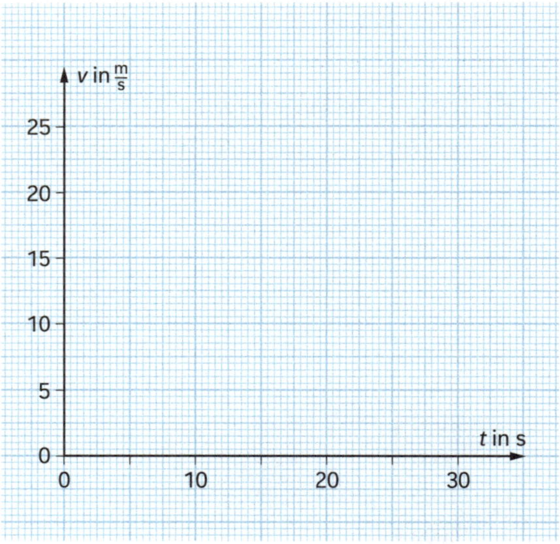

Die Fahrt des Fallturms in einem Zeit-Geschwindigkeits-Diagramm

Kräfte bewirken Veränderung

1 **a)** Kreise die Veränderungen ein , die Kräfte bewirken können.

Richtungsänderung Glaubensänderung elastische Änderung

Notenänderung plastische Änderung Bewegungsänderung

b) Ergänze die Veränderungen in der Tabelle.

c) Ergänze die Kraft und die Gegenkraft.

Reibungskraft • Muskelkraft • Spannkraft

Veränderung	Beispiel	Kraft	Gegenkraft
Richtungsänderung	Slalom laufen	Muskelkraft	Reibungskraft
	Ski fahren		
	Brötchenteig formen		
	Gummiband ziehen		

2 Eine wirkende Kraft und eine Gegenkraft können sich im Gleichgewicht befinden. Verbinde das Beispiel mit der passenden Kraft und Gegenkraft.

ein Apfel hängt am Baum

ein Apfel fällt vom Baum

Erdanziehungskraft

Reibungskraft der Luft

Erdanziehungskraft

Spannkraft

»

Ein Kraftmesser misst Kräfte

1 **a)** Beschrifte den Federkraftmesser mit den Fachbegriffen.

Schraubenfeder • Schraube zur Einstellung der Nulllage • Skala • Messbereich • Hülle

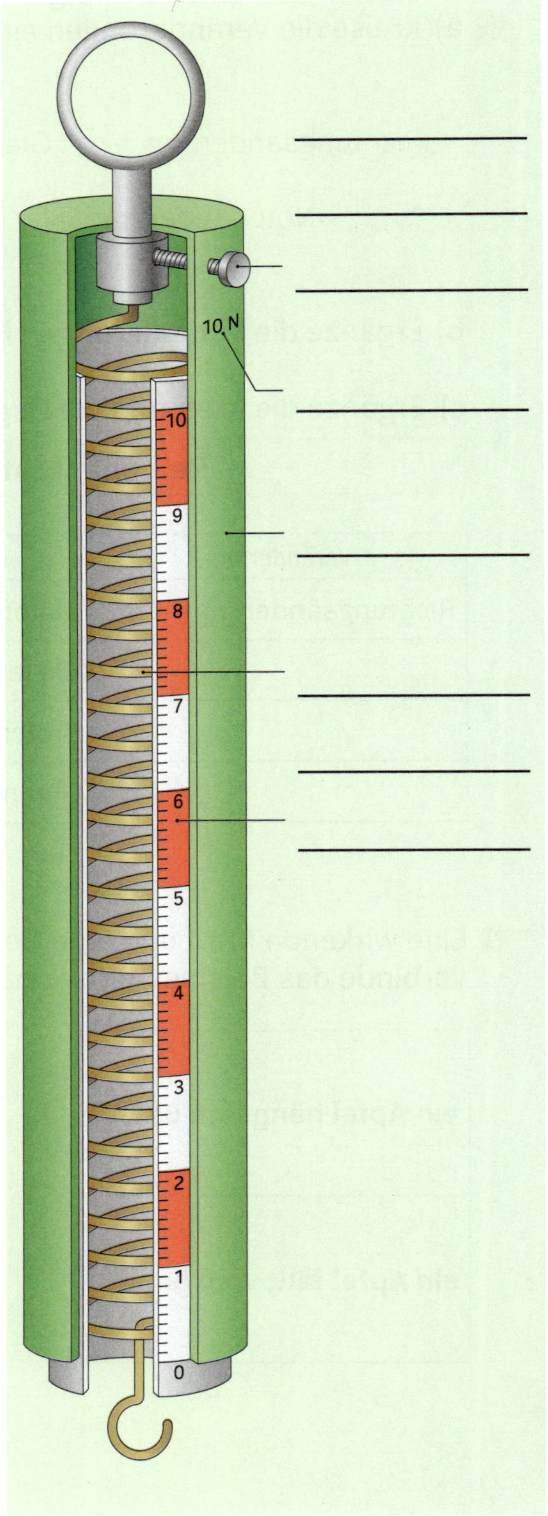

b) Erkläre den Begriff Messbereich. Kreuze die richtige Aussage an.

☐ Der Messbereich zeigt an, in welchem Bereich du messen sollst.

☐ Der Messbereich gibt die größte messbare Kraft des Federkräftemessers an.

c) Beschreibe die Einstellung der Nulllage. Die Satzbausteine helfen dir.

Schraube lösen • Feder bewegen • Beginn der Skala und Rand der Hülle übereinstimmen • Schraube festziehen

____

____

____

____

____

____

____

d) Die Nulllage wurde nicht richtig eingestellt. Kreuze an, welche Folge das hat.

☐ Das angehängte Massestück kann nicht genau gemessen werden.

☐ Die Schraubenfeder dehnt sich nicht.

☐ Die Schraubenfeder wird plastisch verformt.

Hooksches Gesetz: plastisch oder elastisch

1 Schraubenfedern findet man häufig im Alltag.
Kreise die Beispiele mit einer Schraubenfeder ein.

Locher   Reißverschluss   Wäscheklammer

Schranktür   Türklinke   Fahrradsattel

2 Eine Schraubenfeder wird mit 3,0 N belastet und verlängert sich um 6 cm.
Berechne die Verlängerung der Feder bei einer Belastung von 4,0 N.

Du kannst mit dem Dreisatz rechnen:

N	cm
3	6
1	
4	

:3 ·4 (links)   :3 ·4 (rechts)

Die Verlängerung der Feder beträgt ________ cm.

3 Auf den Bildern ist jeweils eine harte und eine weiche Feder zu sehen. Kreuze an.

☐ weiche Feder

☐ harte Feder

☐ weiche Feder

☐ harte Feder

4 Welcher Graph auf dem Bild hat die größere Federkonstante?
Kreuze an.

☐ Der rote Graph zeigt die Feder mit der höheren Federkonstante an.

☐ Der blaue Graph zeigt die Feder mit der höheren Federkonstante an.

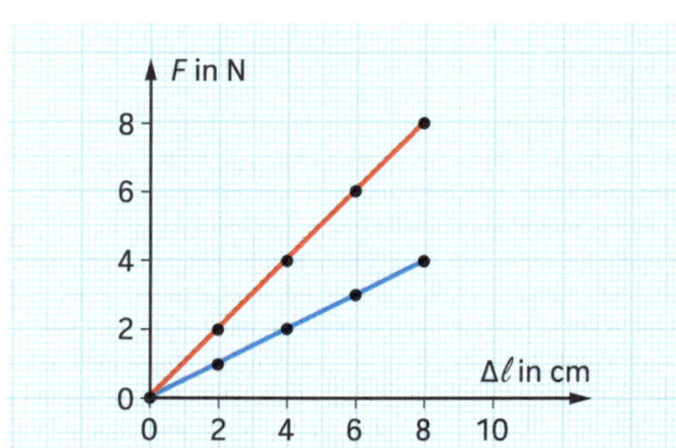

Die Kraft ist eine gerichtete Größe

1 a) Zwei Kräfte wirken in eine gleiche Richtung.
Ergänze den Lückentext.

Kraft F_1 • gleiche Richtung • Gesamtkraf • Kraft F_2 • Pfeile • Kräfte • Gesamtkraft F_R

Zwei ____________ können in die gleiche Richtung wirken. Dabei schieben zum Beispiel zwei Kräfte einen Gegenstand an. Die beiden Kräfte können dann zu einer ____________ addiert werden. Dies kann man grafisch darstellen. Die ____________ in der Grafik stellen die beiden Kräfte dar. Beide Pfeile weisen in die ________________. Beide Pfeile zusammen sind die ____________. Um die Gesamtkraft darzustellen, setzt man den Angriffspunkt der ____________ an die Pfeilspitze der ____________.

b) **Zwei Kräfte wirken in die gleiche Richtung auf einen Gegenstand. Trage die beiden Kräfte und die Gesamtkraft in die Abbildung ein.**

Kraft $F_1 = 400$ N Kraft $F_2 = 200$ N Maßstab: 1 cm entspricht 200 N

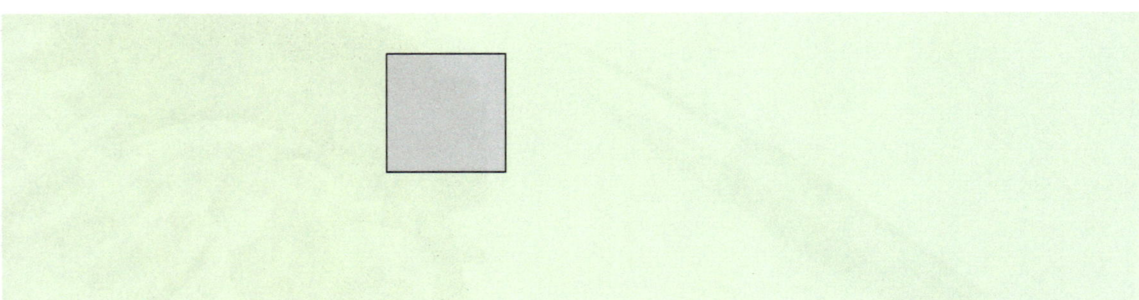

2 **Zwei Kräfte wirken in die entgegengesetzte Richtung auf einen Gegenstand. Trage die beiden Kräfte und die Gesamtkraft in die Abbildung ein. Die Richtung der Gesamtkraft wird von der Kraft bestimmt, die den größeren Betrag hat.**

Kraft $F_1 = 400$ N Kraft $F_2 = 200$ N Maßstab: 1 cm entspricht 200 N

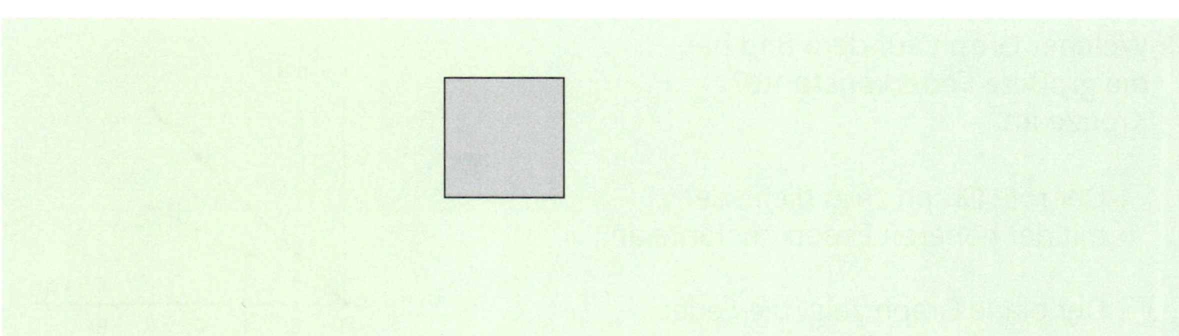

Die Gewichtskraft und die schwere Masse

1 **a)** Fällt ein Gegenstand herunter, fällt er in eine bestimmte Richtung.
In welche Richtung fällt der Gegenstand auf dem Südpol, dem Nordpol, Europa und Afrika?

____

b) Kreuze die Ursache für die Richtung der Fallbewegung der Gegenstände an.

☐ Fallkraft

☐ Erdanziehungskraft

☐ Masse

2 Gib jeweils die Gewichtskraft an, die auf der Erde auf eine Masse von 200 g, 500 g und 2 kg wirkt.

Umrechnung von g (Gramm) in kg (Kilogramm): 1000 g = 1 kg

200 g = __________ 500 g = __________

Rechnung: Gewichtskraft (N) $F_G \approx 10\,\frac{N}{kg} \cdot m$ (in kg)

$10\,\frac{N}{kg} \cdot$ __________ kg = __________ Die Gewichtskraft beträgt: __________

$10\,\frac{N}{kg} \cdot$ __________ kg = __________ Die Gewichtskraft beträgt: __________

$10\,\frac{N}{kg} \cdot$ __________ kg = __________ Die Gewichtskraft beträgt: __________

3 **a)** Ermittelt man mit einer Balkenwaage auf der Erde und auf dem Mond die Masse eines Körpers, erhält man

☐ das gleiche Ergebnis

☐ ein anderes Ergebnis.

b) Ermittelt man mit einem Federkraftmesser auf der Erde und auf dem Mond die Masse eines Körpers, erhält man

☐ das gleiche Ergebnis.

☐ ein anderes Ergebnis.

»

Die Trägheitskraft und die träge Masse

1 Du fährst Fahrrad und musst auf einmal stark abbremsen.
Dein Körper fliegt fast über den Lenker.
Erkläre mithilfe der Satzbausteine die Reaktion deines Körpers.

fällt nach vorne • es wirkt die Trägheitskraft des Körpers • Körper will weiter nach vorne fahren • nicht möglich • Trägheitskraft wirkt entgegen der Bewegungsänderung

___

___

___

___

2 Zwei Kinder treten gegen einen Medizinball und einen Fußball. Der Medizinball richtet größeren Schaden an, als der Fußball. Kreuze die Begründung an.

- ☐ Die Masse des Medizinballs ist größer, dadurch ist seine Trägheit größer.
- ☐ Der Fußball fliegt schneller.
- ☐ Der Medizinball ist aus einem anderen Material gemacht, dadurch ist er härter.

3 Ein Auto wird abgeschleppt. Der Fahrer im vorderen Auto muss ganz langsam anfahren. Was würde passieren, wenn er schnell anfährt? Kreuze den Grund an.

- ☐ Das hintere Auto könnte auf das vordere Auto fahren.
- ☐ Das Abschleppseil könnte reißen.
- ☐ Die Reifen quietschen.

Mit Rollen und Seilen Kräfte sparen

1 Du möchtest einen 10 kg schweren Eimer hochziehen.
Überlege, wie viele unterschiedlich tragende Seilstücke du jeweils hast.
Markiere sie in den Zeichnungen farbig.
Setze dann die Werte in die Formel ein.
Beachte: 10 kg ≙ 100 N.
Wie viel Kraft musst du aufwenden, wenn du …

Tipp:
F_a ist aufzubringende Kraft, um den 10 kg-Eimer hochziehen F_G ist die Gewichtskraft des Gegenstandes (10 kg Eimer).
n steht für die tragenden Seilstücke.

a) … den Eimer mit einem Seil hochziehen willst?

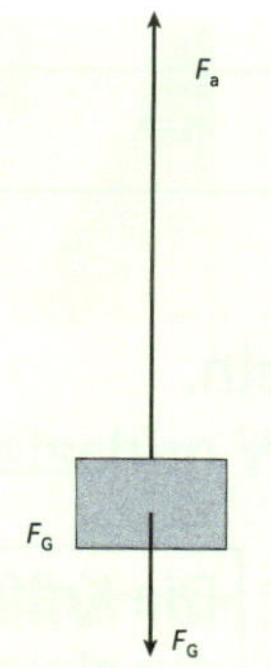

Rechnung:

$F_a = \frac{1}{n} \cdot F_G =$ ______________________

Die aufzubringende Kraft beträgt

________.

b) … den Eimer mit einem Seil und einer festen Rolle hochziehen willst?

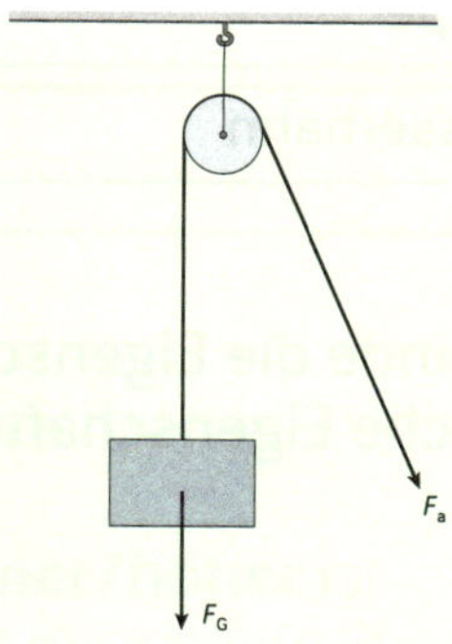

Rechnung:

$F_a = \frac{1}{n} \cdot F_G =$ ______________________

Die aufzubringende Kraft beträgt

________.

c) … den Eimer mit einem Seil und einer losen Rolle hochziehen willst?

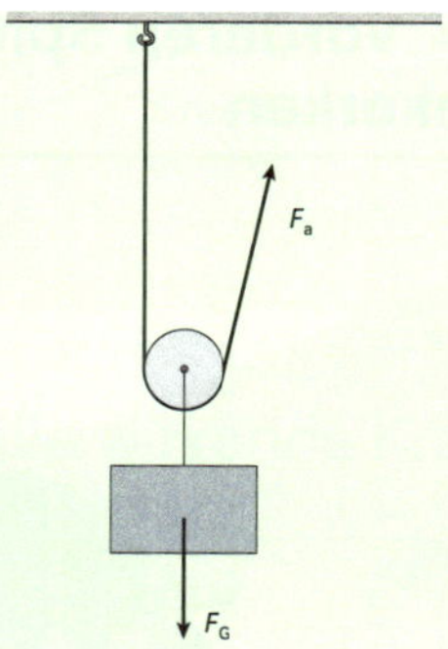

Rechnung:

$F_a = \frac{1}{n} \cdot F_G =$ ______________________

Die aufzubringende Kraft beträgt

________.

d) … den Eimer mit einem Seil, einer festen und einer losen Rolle hochziehen willst?

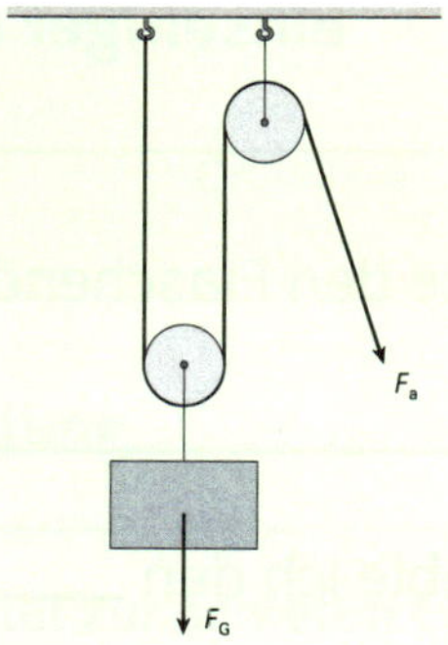

Rechnung:

$F_a = \frac{1}{n} \cdot F_G =$ ______________________

Die aufzubringende Kraft beträgt

________.

Die goldene Regel der Mechanik

1 **a)** Benenne zu jedem Kraftwandler ein Beispiel.
b) Nenne einen gemeinsamen Vorteil der Kraftwandler.

Kraftwandler	Beispiel	Vorteil aller Kraftwandler
Flaschenzug		______________________
Hebelarm		______________________
schiefe Ebene		______________________

c) Die Je-desto-Sätze zeigen den Zusammenhang zwischen der aufzubringenden Kraft *F* und der Länge des zurückgelegten Weges *s* auf. Streiche die falschen Wörter durch.

Kraftwandler Flaschenzug
Je **weniger/mehr** Rollen verwendet werden,
desto **kleiner/größer** ist die aufzubringende Kraft *F* und
desto **kürzer/länger** ist der zurückzulegende Weg *s*.

Kraftwandler Hebelarm
Je **kürzer/länger** die Hebelarme sind,
desto **kleiner/größer** ist die aufzubringende Kraft *F* und
desto **kürzer/länger** ist der zurückzulegende Weg *s*.

Kraftwandler schiefe Ebene
Je **kürzer/länger** die schiefe Ebene ist,
desto **kleiner/größer** ist die aufzubringende Kraft *F* und
desto **kürzer/länger** ist der zurückzulegende Weg *s*.

2 **a)** Auf den Bildern siehst du den Verlauf einer Straße, die auf einen Berg führt und den Verlauf einer Straße im Tal. Beschreibe die Unterschiede.

____

____

b) Kreuze den Grund für den Verlauf einer Gebirgsstraße an.

☐ Die Straße kann nicht geradlinig gebaut werden, weil zu viele Bäume und Steine im Weg sind.

☐ Die Straße kann nicht geradlinig gebaut werden, weil der Berg ist zu steil ist. Kein Auto könnte eine solche Steigung bewältigen.

☐ Die Straße ist eine schiefe Ebene. Das Auto braucht weniger Kraft, um auf den Berg zu kommen, aber dafür ist der Weg länger.

Die Formen mechanischer Energie

1 Verbinde die Formen mechanischer Energie mit den Beispielen.

Spannenergie	Kugelstoßen
Höhenenergie	Expander auseinanderziehen
Bewegungsenergie	Hanteln stemmen

2 Berechne die Höhenenergie, die einem Körper mit einer Gewichtskraft $F_G = 44{,}7\ \mathrm{N}$ zugeführt wird, wenn er um h = 33 cm angehoben wird.
Füge die Werte in die Formel ein.

$F_G = 44{,}7\ \mathrm{N}$ $h = 0{,}33\ \mathrm{m}$ Formel: $E_{\text{Höhe}} = F_G \cdot h$

Rechnung: ______________________________

Die Höhenenergie $E_{\text{Höhe}}$ beträgt: ________________.

3 Verbinde die Werkzeuge mit der Energieform.

Bewegungsenergie	Spannenergie	Höhenenergie

Die Umwandlung mechanischer Energie

1 **a)** Beschreibe einen Bungeesprung mit eigenen Worten.
Die Begriffe und der Satzanfang helfen dir dabei.

hohe Plattform • Höhenenergie gespeichert • springt • fällt • Bungeeseil gespannt • Bungeespringer bremst • wird nach oben zurückgezogen • dann fällt er wieder abwärts • geschieht mehrere Male

Der Bungeespringer steigt mit seiner Muskelkraft ...

____

____

____

____

____

____

b) Verbinde die Vorgänge mit den Energieumwandlungen.

Vorgang
Der Bungeespringer steigt auf die Plattform.
Der Bungeespringer springt.
Das Bungeeseil wird gestreckt, der Bungeespringer wird gebremst.
Das Seil ist straff gespannt und zieht den Bungeespringer wieder in die Höhe.

Energieumwandlung
Spannenergie wird in Bewegungsenergie und Höhenenergie umgewandelt.
Bewegungsenergie wird zu Höhenenergie.
Höhenenergie wird zu Bewegungsenergie.
Bewegungsenergie wird zu Spannenergie.

2 Überlege, wo die innere Energie aus dem Bungeeseil bleibt.
Kreuze die richtige Antwort an.

☐ Die innere Energie wird als Bewegung abgegeben.

☐ Die innere Energie wird als Wärme abgegeben.

☐ Die innere Energie wird als Licht abgegeben.

Das Prinzip Energieerhaltung

1 a) Kreuze die Energieformen an, die bei der Bewegung einer Schaukel auftreten.

- ☐ Spannenergie
- ☐ Höhenenergie
- ☐ äußere Energie
- ☐ Bewegungsenergie
- ☐ Gesamtenergie
- ☐ innere Energie

b) Beim Schaukeln wird Energie umgewandelt. Welche beiden Energieformen wechseln sich beim Schaukeln ab?

____

2 a) Nenne den Energieerhaltungssatz. Das Buch hilft dir dabei.

____

b) Beim Schaukeln, musst du immer wieder Schwung geben, wenn du weiter schaukeln möchtest. Warum ist das so?
Der Energieerhaltungssatz erklärt den Grund.
Kreuze den richtigen Grund an.

- ☐ Wenn die Höhenenergie steigt, muss die Bewegungsenergie erhöht werden, sonst stimmt die Gleichung nicht.
- ☐ Wenn die Höhenenergie gehalten werden soll, muss die Bewegungsenergie gleich bleiben. Dies wird durch das Schwungholen mit den Beinen erreicht. Die Gleichung gerät sonst ins Ungleichgewicht.
- ☐ Wenn die Höhenenergie sinkt, sinkt auch die Bewegungsenergie. Alles ist im Gleichgewicht.

3 Kreuze die Voraussetzung dafür an, dass die innere Energie als Wärme abgeführt werden kann.

- ☐ Das Lager der Schaukel reibt an der Aufhängung.
- ☐ Es darf nur nachts geschaukelt werden.
- ☐ Es darf nur tags geschaukelt werden.
- ☐ Die Schaukel reibt an der Luft.

»

Die mechanische Leistung

1 a) Auf den Bildern siehst du mechanische Vorgänge, die mit körperlicher Leistung verbunden sind. Benenne die Vorgänge.

______________________ ______________________ ______________________

b) Die Größe der Leistung hängt von physikalischen Größen ab. Kreuze die physikalischen Größen an.

- ☐ übertragende Energie
- ☐ Gesamtkraft
- ☐ Zeit

2 a) Erik, Alex und Lisa haben Kisten auf eine 90 cm hohe Ladefläche gehoben. Eine Kiste wiegt 18 kg. Erik hat drei Kisten in 15 Sekunden geschafft und Alex hat 18 Sekunden gebraucht. Lisa musste die Kisten 30 cm höher anheben. Sie hat für drei Kisten 15 Sekunden gebraucht.

Berechne die Leistung von Erik, Alex und Lisa mithilfe der Formel $P = \frac{F \cdot s}{t}$.

Erik	$s = 90$ cm $= 0{,}90$ m	$F = 3 \cdot 18$ kg $= 54$ kg	$t = 15$ Sekunden	$P =$
Alex	$s = 90$ cm $= 0{,}90$ m	$F = 3 \cdot 18$ kg $= 54$ kg	$t = 18$ Sekunden	$P =$
Lisa	$s = 120$ cm $= 1{,}20$ m	$F = 3 \cdot 18$ kg $= 54$ kg	$t = 15$ Sekunden	$P =$

b) Die Zeiten von Alex und Erik lassen sich nicht direkt mit der Zeit von Lisa vergleichen. Kreuze den Grund an.

- ☐ Lisa ist ein Mädchen.
- ☐ Lisa musste die Kiste eine größere Höhe anheben.
- ☐ Lisa wiegt weniger als die Jungen.